Léon Bourgeois

SOLIDARITÉ

essai

ISBN : 978-1512114980

10 9 8 7 6 5 4 3 2 1

Léon Bourgeois

SOLIDARITÉ

essai

Table de Matières

Présentation du livre

Le mot de solidarité n'est entré que depuis peu d'années dans le vocabulaire politique. Au milieu du siècle, Bastiat et Proudhon ont bien aperçu et signalé les phénomènes de solidarité « qui se croisent » dans toutes les associations humaines. Mais aucune théorie d'ensemble ne s'est dégagée de ces observations ; le mot, en tout cas, ne fit pas fortune, et Littré, en 1877, ne donne encore de ce terme, en dehors des acceptions juridique et physiologique, qu'une définition « de langage courant », c'est-à-dire sans précision et sans portée : « c'est, dit-il seulement, la responsabilité mutuelle qui s'établit entre deux ou plusieurs personnes ».

Aujourd'hui, le mot de solidarité parait, à chaque instant, dans les discours et dans les écrits politiques. On a semblé d'abord le prendre comme une simple variante du troisième terme de la devise républicaine : fraternité. Il s'y substitue de plus en plus ; et le sens que les écrivains, les orateurs, l'opinion publique à son tour, y attachent, semble, de jour en jour, plus plein, plus profond et plus étendu.

N'y a-t-il qu'un mot nouveau et comme un caprice du langage ? Ou ce mot n'exprime-t-il pas vraiment une idée nouvelle, et n'est-il pas l'indice d'une évolution de la pensée générale ?

Léon Bourgeois

Chapitre I

Evolution des idées politiques et sociales.

I

La notion des rapports de l'individu et de la société s'est profondément modifiée depuis un quart de siècle.

En apparence, rien n'est changé. Le débat continue dans les mêmes termes entre la science économique et les écoles socialistes ; l'individualisme et le collectivisme s'opposent toujours l'un à l'autre, dans une antithèse que les événements politiques rendent plus évidente, plus saisissante que jamais.

En France et hors de France, les questions de politique pure cèdent le pas aux discussions sociales, et les succès électoraux des divers groupes socialistes, en Allemagne, en Belgique, en France, ailleurs encore, permettent d'annoncer l'heure prochaine où, dans les assemblées, les majorités et les minorités se grouperont exclusivement sur le terrain de la lutte économique, et prendront pour unique mot d'ordre la solution « libérale » ou « socialiste » du problème de la distribution de richesses.

Mais, comme il est habituel, l'état des partis ne traduit qu'imparfaitement l'état des esprits. Les partis sont toujours en retard sur les idées ; avant qu'une idée se soit assez répandue pour devenir la formule d'une action collective, l'article fondamental d'un programme électoral, il faut une longue propagande ; quand les partis se sont enfin organisés autour d'elle, bien des esprits ont déjà aperçu ce qu'elle contenait d'incomplet, d'inexact, en tous cas de relatif, et une vue nouvelle s'ouvre déjà, plus compréhensive et plus haute, d'où naîtra l'idée de demain, qui sera à son tour la cause et l'enjeu de nouvelles batailles.

C'est ainsi qu'entre l'économie politique classique et les systèmes socialistes une opinion s'est formée lentement, non pas intermédiaire, mais supérieure ; une opinion conçue d'un point de vue plus élevé, d'où la lumière se distribue plus également et plus loin. Il ne s'agit pas, bien entendu, d'une tentative de transaction entre les groupes et les partis, d'une opération de tactique politique. Ce n'est pas entre les hommes mais entre les idées, qu'un accord tend à s'établir ; ce n'est pas un contrat qui se prépare, c'est une synthèse.

Cette synthèse n'est pas achevée. Il y a une doctrine déjà en possession de ses procédés de recherche et de raisonnement, maîtresse de son but et de ses moyens ; il n'y a pas un système arrêté, donnant sur tout des conclusions.

Comment en serait-il autrement ? Ce n'est l'œuvre de personne en particulier, et c'est l'œuvre de tout le monde. Il y a là une manière de penser générale, dont on trouve la trace un peu partout, chez les lettrés comme chez les politiques, dans les œuvres écrites des philosophes comme dans les œuvres vécues des hommes d'Etat ; dans les institutions privées et dans les lois, aussi bien chez les peuples latins que chez les Anglo-Saxons ou les Germains, aussi bien dans les Etats monarchiques que dans les démocraties républicaines.

Cette doctrine n'a pas reçu d'emblée un de ces noms éclatants qui s'imposent d'abord, comme si leurs syllabes mêmes contenaient la solution des problèmes.

Elle est, pour avoir un nom accepté de tous, revendiquée à la fois par des partisans trop divers, venus de points trop éloignés de l'horizon philosophique et politique ; chacun pour son compte cherche à la rattacher à l'ensemble de ses doctrines antérieures. On la trouve professée par des socialistes chrétiens et pour eux c'est l'application des préceptes évangéliques ; par certains économistes, et pour eux c'est la réalisation de l'harmonie économique. Pour quelques philosophes, c'est la loi « bio-sociologique » du monde ; pour d'autres c'est la loi « d'entente » ou « d'union pour la vie [1] » ; pour les positivistes, c'est, d'un seul mot, « l'altruisme ».

Mais pour tous, au fond, et sous des noms divers, la doctrine est la même, elle se ramène clairement à cette pensée fondamentale : il y a entre chacun des individus et tous les autres un lien nécessaire de solidarité ; c'est l'étude exacte des causes, des conditions et des limites de cette solidarité qui seule pourra donner la mesure des droits et des devoirs de chacun envers tous et de tous envers chacun, et qui assurera les conclusions scientifiques et morales du problème social.

D'où peut venir, vers une même pensée, le consentement d'esprits si divers ? On dirait, contre les barrières des systèmes trop étroits, la conspiration d'une poussée universelle.

1 Voir notamment FOUILLÉE, La Propriété sociale et la démocratie ; IZOULET, La Cité moderne ; FUNCK-BRENTANO, L'Homme et sa destinée ; le journal La Démocratie rurale, etc.

C'est que cette notion de la solidarité sociale est la résultante de deux forces longtemps étrangères l'une à l'autre, aujourd'hui rapprochées et combinées chez toutes les nations parvenues à un degré d'évolution supérieur : *la méthode scientifique et l'idée morale.*

Elle est le fruit du double mouvement des esprits et des consciences qui forme la trame profonde des événements de notre siècle ; qui, d'une part, tend à libérer les esprits des systèmes *a priori*, des croyances acceptées sans examen, et à substituer aux combinaisons mentales imposées par la tradition et l'autorité, des combinaisons dues à la libre recherche et soumises à une critique incessante ; et qui, d'autre part, contraint les consciences à chercher, d'autant plus rigoureusement, en dehors des concepts sans réalité et des sanctions invérifiables, des règles de conduite dont le caractère obligatoire résultera simplement de l'accord du sentiment - mesure du bien - et de la raison - critérium du vrai.

C'est donc à des causes très générales et très profondes que ce qu'on commence déjà à appeler le mouvement solidariste doit son origine et sa force croissante. Le moment paraît venu de l'étudier avec suite et de montrer comment il tend déjà à renouveler l'aspect des études économiques et sociales.

II

Les économistes condamnent toute intervention de l'Etat dans le jeu des phénomènes de production, de distribution et de consommation de la richesse ; les lois qui règlent ces phénomènes sont, disent-ils, des lois naturelles, auxquelles le législateur humain ne doit et d'ailleurs ne peut rien changer.

Philosophiquement, l'homme est libre ; l'Etat doit se borner à lui garantir l'exercice de cette liberté dans la lutte pour l'existence, qui d'ailleurs est la source et la condition de tout progrès.

La propriété individuelle est, comme la liberté elle-même, un droit inhérent à la personne humaine ; la propriété individuelle n'est pas seulement une conséquence de la liberté, elle en est aussi la garantie ; ce caractère du droit de propriété est donc absolu : c'est le *jus utendi et abutendi.* Le droit de propriété de l'un ne peut être limité que par le droit de propriété de l'autre. Sauf, le prélèvement de l'impôt, il n'y a point de part sociale dans la propriété individuelle ; si la charité est un devoir et un devoir impérieux, c'est un devoir purement moral.

Quand l'Etat a pris les mesures nécessaires pour défendre la liberté et la propriété de chacun contre les entreprises et les empiétements, il a accompli tout son devoir et épuisé tout son droit. Toute intervention qui dépasserait cette limite serait à son tour, de la part de l'Etat, une entreprise et un empiétement sur la personne humaine.

Les socialistes exigent, au contraire, l'intervention de l'Etat dans les phénomènes de la vie économique ; c'est faute d'une législation sur la production et la distribution de la richesse que, malgré les conquêtes merveilleuses de la science, le bien-être de l'immense majorité des hommes n'a pas sensiblement augmenté ; bien plus, la transformation du monde par la science a rendu la misère des uns d'autant plus cruelle qu'elle se compare et se mesure à l'extraordinaire accroissement de la fortune des autres.

La thèse d'indifférence des économistes n'est, au fond, que la justification des excès de la force ; dans la libre lutte pour l'existence, le fort détruit le faible : c'est le spectacle que nous offre l'indifférente nature. Est-ce pour en rester là que les hommes sont en société ? Si la liberté humaine est un principe, le droit à l'existence en est un aussi, nécessairement antérieur à tout autre, et l'Etat doit le garantir avant tout autre.

Quant au droit de propriété, disent encore les socialistes, l'histoire nous le montre variable dans sa nature et dans ses limites ; il n'est le prolongement de la liberté que s'il est en réalité le fruit de la liberté, et presque toujours il est, au contraire, né de l'injustice, soit directement par la conquête violente, soit indirectement par l'action usuraire du capital. De nos jours, plus que jamais, le travail, manifestation de l'activité et de la liberté personnelles, est impuissant à fonder la propriété, qui devient le privilège de ceux qui détiennent le capital.

L'Etat, dont la raison d'être est d'établir la justice entre les hommes, a donc le droit et, par conséquent, le devoir, d'intervenir pour établir l'équilibre. L'égoïsme humain ne pouvant être vaincu que par l'autorité, il imposera, au besoin par la force, la règle de justice et assurera ainsi à chacun sa part légitime dans le travail et dans les produits.

III

Telles sont les deux thèses dont les polémiques semblent, chaque jour, accuser davantage le caractère irréductible. Comment pourtant une harmonie semble-t-elle devenir possible entre ces « contradic-toires » ? Comment la part de vérité scientifique et la part de vérité morale que contient chacune d'elles se dégagent-elles peu à peu et s'imposent-elles insensiblement à l'opinion, aux mœurs et aux lois ?

Vérité scientifique et vérité morale : c'est, en effet, avons-nous dit, par l'étroit accord de la méthode scientifique et de l'idée morale que le renouvellement des conceptions sociales se prépare et s'accomplira. Et cela, chose singulière, au moment même où certains écrivains proclament avec éclat le divorce définitif de la morale et de la science, et la banqueroute sociale de celle-ci.

La méthode scientifique pénètre aujourd'hui tous les ordres de connaissances. Les esprits les plus réfractaires viennent, tout en protestant, s'y soumettre peu à peu.

La vérité, dans le domaine sociologique, comme dans tous les autres, apparaît comme ne pouvant être obtenue que par la constatation impartiale des faits.

Les phénomènes économiques et sociaux obéissent, on le sait désormais, comme les phénomènes physiques, chimiques et biologiques, à des lois inéluctables. Les uns comme les autres sont soumis à des rapports de causalité nécessaires, que l'induction méthodique permet seule à la raison de connaître et de mesurer.

Les phénomènes sont ici plus complexes et l'observation en est plus difficile, l'expérimentation ne peut y être que rarement tentée ; mais la complexité des phénomènes et la difficulté de leur étude ne changent rien à la rigueur de leur enchaînement. On sent que toutes les théories subjectives et que toutes les généralisations du verbalisme philosophique sont impuissantes à les expliquer et à les régler.

Les lois sociales naturelles ne sont que la manifestation, à un degré plus élevé, des lois physiques, biologiques, et psychiques suivant lesquelles se développent les êtres vivants et pensants.

Il n'est pas de pouvoir politique assez puissant pour décréter la bonne et la mauvaise fortune, parce qu'il n'en est pas qui puisse décréter la santé ou maladie, l'intelligence ou la déraison, la paresse ou l'énergie, l'esprit d'ordre ou de prodigalité, la prévoyance ou l'insouciance, l'égoïsme ou le désintéressement.

Tout ce qui sera tenté en dehors des lois naturelles ou contre elles est donc vain et condamné d'avance au néant. Les systèmes des réformateurs reconstruisant le monde social à l'image de leur rêve, fût-ce d'un rêve de génie, ont tout juste autant de réalité et de chances de durée que le système de Ptolémée.

Mais il ne suffit pas qu'une science ait trouvé, pour être constituée, ses méthodes et ses voies. Son objet, son caractère, sa nature propre doivent être clairement connus et définis. Or, le problème des rapports de l'homme et de la société est d'une nature particulière. Ce n'est pas une simple curiosité intellectuelle, c'est une nécessité morale qui le pose devant nous ; ce n'est pas seulement une vérité de l'ordre intellectuel, c'est une vérité de l'ordre moral qu'il a pour objet de dégager.

Les découvertes des sciences physiques n'ont pas seulement été, pour l'homme un simple spectacle, lui donnant du monde une vue plus vraie ; elles lui ont permis de transformer la face de ce monde et de faire des forces de la nature, figures jusque-là voilées, déesses mystérieuses et redoutées, des esclaves soumises à sa volonté.

Ce que la découverte des lois du monde physique a permis de faire pour la transformation de la vie matérielle, la découverte des lois du monde moral et social doit le permettre pour la transformation de la vie sociale elle-même.

L'homme n'est pas seulement une intelligence, qui par la science s'explique la nature ; il est en même temps une conscience.

Être de raison, il cherche le vrai ; être de conscience, il cherche le bien. Ce bien, il se sent obligé de le réaliser, et en lui-même - c'est la morale individuelle - et entre les autres êtres de raison et de conscience semblables à lui, - c'est la morale sociale.

Il ne peut pas rester indifférent devant le drame social, il y est non pas spectateur seulement, mais acteur complice ou victime, si le drame se termine dans les larmes, dans la violence et dans la haine ; héros, si le dénouement s'achève dans la paix, dans la justice et dans l'amour. Une force intérieure, qui est la loi même de son espèce et de son être, l'avertit à toute heure et le mêle à l'action.

Certes, pendant bien des siècles, il a cru que le drame s'achèverait ailleurs, hors de cette vie, dans un monde où toutes les plaies seraient guéries, toutes les misères soulagées, toutes les fautes punies, tous les mérites glorifiés. Et il s'est, pendant de longs jours, résigné à attendre cette aurore qui ne pourrait éclairer ses yeux que lorsqu'ils seraient définitivement fermés. Mais cette résignation a fait place à l'impatience et au doute. Si cette justice d'après la mort n'était qu'un mirage, semblable à tant d'autres rêves que la science a dissipés ? Et la même impatience a gagné à la fois ceux qui souffrent et qui veulent obtenir, dès cette vie, leur part de bonheur, - et ceux qui pensent et qui cherchent, qui veulent voir se réaliser sous leurs yeux l'idéal vers lequel ils tendent leur raison et leur cœur.

C'est ainsi que, désormais, le problème est posé. La société ne peut rester indifférente au jeu fatal des phénomènes économiques. Certes, elle ne peut refaire le monde ; elle ne prétend point modifier, dans leur enchaînement, les causes et les effets, aussi nécessaires dans cet ordre que dans tout autre.

Mais les forces psychiques, historiques, économiques, dont l'intelligence de l'homme a, par une attentive observation, découvert les ressorts, elle entend les asservir comme ont été asservies les autres forces naturelles, les mettre aux ordres de l'idée morale.

Et, pour formuler avec sûreté ce que cette idée morale signifie et exige, la science sociale va s'efforcer de résoudre, par la méthode commune à toutes les sciences, cette question des rapports de l'individu et de la société humaine. Elle laissera de côté les systèmes tout faits ; elle considérera comme des vues relatives et toujours révisables les combinaisons du droit, de l'histoire ou de la politique ; elle soumettra au critérium de la raison libre, aux vérifications de l'expérience, les institutions mêmes les plus anciennes et les plus vénérables ; elle cherchera, sous les formules, sous les entités traditionnelles, les seules réalités naturelles : réalités physiques, réalités intellectuelles, réalités morales, besoins, facultés, sentiment de l'être humain et de la race humaine ; elle ramènera tout, en un mot, à l'analyse de la personne humaine, être de passion, de raison et de conscience, non pas abstrait et créé d'un seul coup, mais né d'une suite d'ancêtres et soumis à leur hérédité, vivant dans un milieu avec lequel il est en relation de continuels échanges, enfin en évolution perpétuelle vers un type plus élevé de personnalité physique, intellectuelle et morale.

C'est ainsi que se détermineront les conditions objectives, réelles, du meilleur équilibre à établir entre chacune de ces personnes humaines et tous les êtres semblables ; c'est ainsi que sera assurée la pacifique et continuelle évolution de chacun et de tous vers l'entier développement du type humain et de la société humaine.

IV

Ainsi se trouvent réunies les deux conditions du problème.

La raison, guidée par la science, détermine les lois inévitables de l'action ; la volonté, entraînée par le sentiment moral, entreprend cette action.

Les socialistes - non pas ceux qui haïssent et qui prêchent la violence, mais ceux qui veulent la paix et qui aiment - ont raison de condamner l'indifférence et de poursuivre la guérison du mal ; les économistes ont raison de soumettre aux règles de la science des faits toute tentative de remède.

A l'histoire, à la psychologie, à la statistique, à la politique expérimentale, à l'économie politique et sociale, la raison demande les moyens ; la conscience marque le but et nous y pousse.

Le bien ne peut être réalisé que par le vrai, mais le vrai n'a de prix que pour la réalisation du bien. La réalisation du bien - c'est-à-dire la satisfaction du sentiment moral, - dans les conditions du vrai - c'est-à-dire avec l'approbation de la raison : - l'équation est ainsi définitivement posée.

La doctrine de la solidarité en donne-t-elle la solution ?

Léon Bourgeois

<hr>

Chapitre II

Doctrine scientifique de la solidarité naturelle.

I

Les découvertes des sciences naturelles, dans la seconde moitié du XIXᵉ siècle, ont apporté tout d'abord à la thèse individualiste un contingent d'arguments puissants. Les lois de la lutte physiologique pour l'existence semblaient donner à la fois l'explication et la justification des lois de la concurrence sociale.

Les individus, les types spécifiques sont dans la nature à l'état de concurrence perpétuelle. C'est par l'exercice incessant des fonctions développant les organes, par l'adaptation courageuse des organes aux conditions des milieux, que l'individu se développe et se perfectionne ; c'est par la suppression des plus faibles et par la survivance et la reproduction des plus forts, que se fixent les qualités utiles de l'espèce et que les êtres qui la composent évoluent vers une forme toujours supérieure.

En nous découvrant ainsi la loi du progrès des êtres vivants, la nature, dirent les individualistes, donne la solution du problème social. Le progrès des sociétés est du même ordre que le progrès des espèces. La concurrence économique n'est qu'une des formes de la concurrence vitale. L'effort est la loi de la vie sociale comme il est la loi de la vie physique, et la société, pas plus que la nature, ne peut connaître d'autres récompenses et d'autres peines que celles qui, directement, résultent pour l'individu de l'accroissement ou de la diminution de son action sur les choses.

Laissons donc faire et laissons passer. Toute intervention d'une puissance collective pour régler le conflit des intérêts individuels est à la fois arbitraire et vaine. L'Etat a bien une fonction : il doit veiller à ce que la mêlée sociale ne soit pas violente et sanglante comme celle des espèces, il doit maintenir la paix matérielle, « l'ordre public », entre les hommes. Mais cette fonction remplie, son rôle cesse. « Le devoir de l'Etat est, avant tout, une fonction de sécurité envers tout le monde. Quant aux personnes auxquelles l'Etat garantit cette sécurité, elles peuvent faire de leurs propriétés (ou pour mieux dire de leurs activités) ce que bon leur semble. L'Etat n' a pas à s'immiscer dans les combinaisons privées :

c'est aux particuliers à gérer leurs affaires au mieux de leurs intérêts ⊠. »

Tel est l'enseignement donné par les sciences biologiques. Telle est la condition de révolution des sociétés.

II

Mais cette condition est-elle unique ? Et les sciences naturelles bornent-elles là leur enseignement ?

C'est ce que philosophes et moralistes se durent à eux-mêmes de rechercher, et, à leur tour, ils empruntèrent aux sciences naturelles l'énoncé d'une loi nouvelle, opposant à la théorie de « la lutte pour l'existence » la doctrine de la « solidarité des êtres ».

Les physiologistes définissent la solidarité organique « la relation nécessaire entre deux ou plusieurs actes de l'économie », et considèrent l'existence de ces relations nécessaires entre divers organes et les diverses fonctions comme la loi commune de tous les êtres vivants. Suivant Kant, c'est précisément cette « réciprocité entre les parties » qui constitue l'organisme, où tout est à la fois « but et moyen ».

« La solidarité, a dit Charles Gide, est un fait, d'une importance capitale dans les sciences naturelles, puisqu'il caractérise la vie. Si l'on cherche, en effet, à définir l'être vivant, l'individu, on ne saurait le faire que par la solidarité des fonctions qui lient des parties distinctes, et la mort n'est autre chose que la rupture de ce lien entre les divers éléments qui constituent l'individu, et qui, désormais désassociés, vont entrer dans des combinaisons nouvelles, dans des êtres nouveaux [1]. »

Mais ces rapports de dépendance réciproque entre les parties des êtres vivants existent également entre les êtres eux-mêmes, et aussi entre l'ensemble de ces êtres et le milieu où ils sont placés. Les lois de l'espèce - lois d'hérédité, d'adaptation, de sélection, lois d'intégration et de désintégration - ne sont que les aspects divers de la même loi générale de dépendance réciproque, c'est-à-dire de solidarité, des éléments de la vie universelle.

L'homme n'échappe pas à cette loi.

Jusqu'à Kepler et à Galilée, la terre était considérée comme le centre de l'univers. L'astronomie moderne l'a remise à son rang, dans le modeste cortège des planètes qui gravitent autour du soleil ; et ce soleil n'est plus qu'une étoile de grandeur médiocre, qu'entraîne à son tour,

---

1 CH. GIDE, L'Idée de solidarité.

dans l'innombrable multitude des astres, la même loi de gravitation, loi de solidarité des corps célestes.

La science a également rendu à l'homme sa place au milieu des êtres. Elle ne connaît plus l'homme abstrait, apparu tout à coup sur la terre dans le plein développement de son intelligence et de sa volonté. Il n'est plus le but et la fin du système du monde. Il est, lui aussi, soumis à des rapports de dépendance réciproque, qui le lient à ses semblables, à la race dont il sort, aux autres êtres vivants, au milieu terrestre et cosmique.

Et cette dépendance n'est point limitée aux conditions de sa vie physique ; elle s'étend aux phénomènes intellectuels et moraux, aux actes de sa volonté, aux œuvres de son génie.

Cette dépendance le lie à tous et à tout, dans l'espace et dans le temps.

Il vit, et sa santé est sans cesse menacée par les maladies des autres hommes dont, en retour, la vie est menacée par les maladies qu'il contractera lui-même ; il travaille, et par la division nécessaire du travail, les produits de son activité profitent à d'autres, comme les produits du travail d'autrui sont indispensables à la satisfaction de ses besoins ; il pense, et chacune de ses pensées réfléchit la pensée de ses semblables dans le cerveau desquels elle va se refléter et se reproduire à son tour ; il est heureux ou il souffre, il hait ou il aime, et tous ses sentiments sont les effets ou les causes des sentiments conformes ou contraires qui agitent en même temps tous ces autres hommes avec lesquels il est en rapport de perpétuel échange. Ainsi, à tous les instants de la durée, chacun des états de son moi est la résultante des innombrables mouvements du monde qui l'entoure, de chacun des états de la vie universelle.

Et il ne suffit pas de considérer le lien de solidarité qui unit l'homme au reste du monde à chaque moment de son existence. Ce lien ne réunit pas seulement toutes les parties de ce qui coexiste à une heure donnée ; il réunit également ce qui est aujourd'hui et ce qui était hier, tout le présent et tout le passé, comme il réunira tout le présent et tout l'avenir. L'humanité, a-t-on dit justement, est composée de plus de morts que de vivants ; notre corps, les produits de notre travail, notre langage, nos pensées, nos institutions, nos arts, tout est pour nous héritage, trésor lentement accumulé par les ancêtres. Une génération nouvelle arrive à la vie, et dans les mouvements, les passions, les joies et les douleurs qui l'agitent en tous sens, pendant les quelques heures de son existence, se mêlent, s'entrechoquent ou s'équilibrent toutes les forces du passé, comme dans les jeux de lumière où s'irise l'insaisissable écume des vagues, à la surface de la mer, se heurtent et se brisent les immenses courants des profondeurs, pulsations dernières de la gravitation des astres.

Ainsi les hommes sont, entre eux, placés et retenus dans des liens de dépendance réciproque, comme le sont tous les êtres et tous les corps, sur tous les points de l'espace et du temps. La loi de solidarité est universelle. Si le moindre changement mécanique, dans la structure d'un corps infiniment petit, a sa répercussion sur l'ensemble des combinaisons mécaniques du monde, le poète a pu dire, avec une égale vérité :

... Je sens que l'ébranlement
Qu'en battant pour le bien mon cœur ému fait naître
Humble vibration du meilleur de mon être,
Se propage éternellement.

III

Y a-t-il pourtant contradiction véritable entre cette loi de la solidarité des êtres et la loi du libre développement de l'individu, que la biologie a aussi nettement et définitivement établie, et dont les théories individualistes faisaient tout à l'heure le fondement même de l'évolution ? Il n'en est rien ; bien au contraire, chacune d'elles isolément est insuffisante à expliquer cette évolution : il faut, pour que celle-ci s'accomplisse, que les deux, forces se composent, que les actions des deux lois se coordonnent, - et il y a à cette coordination une condition nécessaire et suffisante : *concours des individus à l'action commune.*

C'est la biologie, cette fois encore, qui, par l'étude des organismes, va donner à la science sociale les éléments de la synthèse et en établir les preuves.

Tout individu, tout être vivant, est un agrégat, et les parties qui le composent sont elles-mêmes des individus, des êtres vivants ; sans doute une science plus pénétrante, armée de moyens d'investigation plus puissants, pourra-t-elle encore trouver des éléments plus simples, vivants aussi, dans chacune de ces cellules vivantes, qui paraissent le dernier degré de simplicité de la matière organisée.

Or, ces éléments premiers tendent individuellement à l'existence et au développement ; cependant une étroite solidarité les relie. Ils ne sont pas juxtaposés « comme les pierres du tas de pierres » ; ils ne se combattent pas, ne se détruisent pas aveuglément comme les combattants d'une mêlée. Ils se développent, et cependant leur développement contribue au développement de l'organisme qu'ils composent ; ils évoluent, et leur évolution est une fonction de l'évolution collective. Ils sont, en un mot, *associés.*

Et leur association contribue, non seulement au développement du tout qu'ils forment, mais aussi au développement de chacun d'eux. La solidarité qui les lie, loin d'entraver leur activité et d'arrêter leur croissance, augmente leurs forces et accélère leur développement. Ils sont associés, et l'association se solde par un gain, non par une perte, pour chacun d'entre eux aussi bien que pour l'ensemble qu'ils forment.

La grande loi de la division du travail physiologique n'est que la coordination des efforts individuels.

« Le corps d'un animal, dit Henri Milne-Edwards, de même que le corps d'une plante, est une association de parties qui ont chacune leur vie propre, qui sont à leur tour autant d'associations, d'éléments organisés… Chez les animaux dont les facultés sont les plus bornées et dont la vie est la plus obscure,… l'individu est une agrégation plutôt qu'une association ; …il en est autrement dès qu'on s'élève dans chacune des séries d'êtres de plus en plus parfaits dont l'ensemble compose le règne animal ; on voit alors la division du travail s'introduire de plus en plus complètement dans l'organisme ; les facultés diverses s'isolent et se localisent ; chaque acte vital tend à s'effectuer au moyen d'un instrument particulier, et c'est par le *concours* d'agents dissemblables que le résultat général s'obtient… Mais ce nombre croissant des agents de la vie et cette variété dans leurs fonctions ont nécessité la *coordination* de leurs forces ;… à mesure que l'observateur s'élève vers les êtres les plus parfaits, *il voit cette harmonie devenir de plus en plus intime et la subordination s'établir.* »

Ainsi se dégage la vérité définitive : des activités individuelles, isolées, croissent lentement ; opposées, elles s'entredétruisent ; juxtaposées, elles s'additionnent ; seules, des activités associées croissent rapidement, durent et multiplient.

« L'association crée [1] », a-t-on dit, avec une concision éloquente.

––––––––––––

1 IZOULET, *Cité moderne.*

Doctrine scientifique de la solidarité naturelle.

C'est le concours des actions individuelles dans l'action solidaire qui donne la loi synthétique de l'évolution biologique universelle.

IV

« En établissant que dans le monde vivant, si la lutte est la condition du progrès, comme l'ont si vite appris ceux qui rêvent de bouleversement social, le progrès n'a jamais été réalisé que par l'association des forces individuelles et leur harmonieuse coordination, les sciences naturelles constituent non seulement la plus haute philosophie, mais la seule capable de fournir aux gouvernements les lumières nécessaires pour sonder et guérir les plaies profondes du temps présent. »

Ces paroles, d'un éminent naturaliste contemporain [1], sont une réponse précise à l'appel que, depuis Auguste Comte, les politiques et les philosophes adressent aux sciences de la nature pour leur demander le dénouement du drame humain.

Certes, la société humaine n'est pas un organisme semblable à l'organisme animal ; elle ne constitue pas un être vivant où les parties sont, comme dans l'agrégat biologique, matériellement unies les unes aux autres.

Mais les effets de la solidarité naturelle ne se manifestent pas seulement entre les diverses parties de l'être vivant, ils se manifestent aussi entre les êtres de même espèce, et ses lois se vérifient également dans les phénomènes de la vie sociale.

Dans l'histoire des sociétés comme dans celle des espèces, on a reconnu que la lutte pour le développement individuel est la condition première de tout progrès ; que le libre exercice des facultés et des activités personnelles peut donner seul le mouvement initial ; enfin que plus s'accroît cette liberté première de chacun des individus, et se fortifie, par l'accroissement de ses activités physiques, psychiques et morales, ce moteur premier de toute action sociale, plus l'action sociale en peut et doit être à son tour accrue.

Mais on a reconnu en même temps que si ces forces individuelles sont livrées à elles-mêmes, leur énergie, même parvenue à son plus haut point d'intensité, n'est pas seulement impuissante à produire des com-

---

1 EDMOND PERRIER, Faune des côtes de Normandie, 1894.

Léon Bourgeois

binaisons sociales de quelque importance et de quelque durée : elle ne suffit pas à maintenir l'individu lui-même dans un état durable de prospérité, de sécurité, voire d'existence.

L'association des actions individuelles, disciplinées, soit par la force au temps des régimes d'autorité, soit par le consentement au temps des régimes de liberté, a seule pu établir et faire vivre les groupements d'hommes, familles, tribus, cités, castes, églises ou nations.

Ainsi la loi de solidarité des actions individuelles finit par apparaître, entre les hommes, les groupes d'hommes, les sociétés humaines, avec le même caractère qu'entre les êtres vivants, c'est-à-dire, non comme une cause de diminution, mais comme une condition de développement ; non comme une nécessité extérieurement et arbitrairement imposée, mais comme une loi d'organisation intérieure indispensable à la vie ; non comme une servitude, mais comme un moyen de libération.

S'il est vrai qu'une organisation supérieure est celle où il y a équilibre entre les unités et le tout « si bien que le tout y existe pour les unités et les unités pour le tout » ; l'évolution des sociétés tend donc naturellement à cet état où chacune des activités individuelles aura la liberté d'atteindre à son plus haut degré d'énergie et consacrera aussi complètement que possible cette énergie au développement de l'œuvre commune.

Par là seulement pourra être atteint, grâce au jeu des lois communes à tout ce qui vit, l'état de civilisation que, plus ou moins obscurément, se propose l'humanité, « où chaque homme vivra davantage, non seulement de sa vie propre mais de la vie commune, où ces deux effets simultanés, du progrès, qu'on avait d'abord cru contraires, seront réellement inséparables : l'accroissement de la vie individuelle et l'accroissement de la vie sociale [1] ».

V

C'est, avons-nous dit, par l'étroit accord de la méthode scientifique et de l'idée morale que le renouvellement politique et social s'accomplira.

La théorie de la solidarité naturelle de tous les êtres, née des découvertes de la biologie générale, nous a montré les lois scientifiques du

---

1 FOUILLÉE, *Science sociale*, p. 1.

développement des sociétés.

Mais comment, en fait, ce développement va-t-il se réaliser ? Comment ces lois vont-elles s'appliquer aux circonstances particulières de notre race, de notre époque, de notre société ?

Lorsqu'il s'agit d'un groupe d'êtres non seulement vivants, mais doués de raison et de volonté, capables par suite de concevoir le jeu des forces naturelles auxquelles ils sont soumis et de prévoir l'effet de leurs combinaisons, la puissance de réaction de chacun de ces êtres contre l'action de l'ensemble est considérable ; quand il s'agit d'hommes de notre temps, capables non seulement de comprendre la loi de coordination générale des forces de l'univers, mais encore de combiner eux-mêmes des coordinations particulières de ces forces, en vue d'arrangements spéciaux, dont leur propre développement sera le but, les conditions de l'équilibre se modifient plus profondément encore. C'est, dans ce réseau infiniment mobile des tendances, l'intervention d'un facteur nouveau, la pensée, force elle-même et force consciente de son action sur les autres forces ; et quand cette pensée elle-même ne serait pas métaphysiquement libre et serait, elle aussi, déterminée par les nécessités de l'être universel, ceux qu'elle aura éclairés et guidés n'en auront pas moins pendant leur existence, pu modifier dans une certaine mesure les conditions de leur dépendance et mettre, pour ainsi dire, un moment de la solidarité universelle au service de leur développement particulier.

Il ne suffit donc pas à la science de constater que si certaines conditions se réalisaient, l'état de civilisation idéal serait atteint. La conception scientifique des choses est loin d'être commune à tous les hommes ; le plus grand nombre l'ignore et l'ignorera longtemps encore ; l'esprit de système, de passion et de parti s'efforcera toujours de le fausser et de l'obscurcir ; en tout cas, l'égoïsme humain veille et ne se laissera pas facilement persuader qu'il y a pour lui un intérêt supérieur s'accordant avec le devoir, et qu'il lui faut pour un bien général dont on peut obtenir une part, abandonner un bien, moindre peut-être, mais certain et immédiatement réalisé.

Comment, dans ces conditions pourra s'obtenir en fait le concours des intelligences et des volontés dans l'action solidaire ?

Et quelle sera - c'est le premier point - la valeur morale de l'organisation ainsi réalisée ?

L'équation des rapports de l'unité et du tout se complique, en effet, au degré humain d'une dernière inconnue ; l'homme, avons-nous dit, est l'acteur du drame, mais il en est en même temps le spectateur et le juge ; des consciences individuelles mêlées à l'action s'élève une conscience commune qui objective cette action et prononce sur elle. Toute société est, suivant le mot de Fouillée, une « union de consciences qui s'élabore ». La distinction fondamentale du bien et du mal et, d'un mot, la notion irréductible de justice, reste le postulat de toute spéculation sur l'organisation des sociétés :

Dans quelle mesure la conscience humaine pourra-t-elle s'accommoder aux notions objectives qu'a formulées la science contemporaine ; dans quelle mesure l'action morale pourra-t-elle en tirer parti pour conformer, en réalité, le développement social à l'idée du bien et du juste ? Et, avant toute chose, dans quelle mesure ces notions objectives vont-elles, elles-mêmes, agir sur la conscience humaine et modifier l'idée traditionnelle du bien et du mal, du juste et de l'injuste, du droit et du devoir ?

En deux mots, comment établir sur la doctrine scientifique de la solidarité naturelle une doctrine pratique de la solidarité morale et sociale, une règle précise des droits et des devoirs de chacun dans l'action solidaire de tous ? Comment déterminer, d'après les limites naturelles de la solidarité qui existe de fait entre les hommes, les limites morales de la solidarité de droit qu'ils doivent consentir ou qui peut leur être justement imposée ?

Doctrine scientifique de la solidarité naturelle.

Chapitre III

Doctrine pratique de la solidarité sociale.

I

L'idée du bien et du mal est, en soi, une idée irréductible ; c'est un fait premier, un attribut essentiel de l'humanité ; chez tout homme se retrouvent cette notion abstraite du devoir, cette nécessité, ressentie et consentie, d'obéir, suivant l'expression de Kant, « à une loi par respect pour la loi ».

Mais la définition de cette loi à laquelle il est nécessaire d'obéir est variable : « la connaissance du bien, que la conscience nous prescrit de faire est l'ouvrage de la raison ; la raison se développe dans l'histoire ; la conscience est donc, comme la raison, soumise à la loi du développement [1] », et c'est ce développement que nous montre en effet l'histoire des philosophies et des religions, des mœurs et des lois.

Lorsque Cicéron, dans le célèbre passage du *De legibus*, affirme l'existence « d'une loi commune à tous les hommes qui commande la vertu et défend l'injustice », il dit vrai, en constatant l'universalité, la nécessité de l'existence d'une loi morale. Mais il méconnaît les réalités de l'histoire quand il ajoute « qu'elle n'est pas autre à Rome ni à Athènes, ni différente aujourd'hui de ce qu'elle sera demain, qu'elle est inflexible, toujours la même, embrassant toutes les nations et tous les siècles ». Quelles divergences, au contraire, entre les règles morales définies et proclamées par les diverses religions et les diverses races, dans chaque siècle et dans chaque pays ! Entre un brahmane et Socrate, entre Moïse et Jésus, entre Caton et Spinoza, quels abîmes ! Combien d'états successifs de la conscience générale depuis les sacrifices humains des vieux cultes jusqu'à la doctrine chrétienne de la charité ou jusqu'à la doctrine philosophique de la fraternité ! Combien d'idées morales dont on peut déterminer presque exactement l'apparition dans l'histoire, depuis le plaidoyer d'Apollon pour Oreste jusqu'au sermon sur la montagne, depuis les entretiens d'Épictète jusqu'à la déclaration des droits de l'homme !

Si la notion première du bien et du mal est une nécessité, si le sen-

---

1 SECRÉTAN, *Discours laïques*, VIII.

Léon Bourgeois

timent de l'obligation morale constitue en nous un « impératif caté-
gorique », l'opération intellectuelle, par laquelle l'homme s'efforce de
définir le bien et le mal et cherche les conditions de l'obligation morale,
est du domaine de la raison ; les résultats en sont modifiés à mesure que
la raison humaine elle-même, par l'observation des lois naturelles du
monde, se détermine et s'éclaire.

Et le progrès des institutions publiques ou privées n'est à son tour que
l'application successive au for extérieur des développements de l'idée
morale ; famille, tribu, cité, patrie, liberté, propriété, héritage, souveraineté, impôt d'argent ou de sang, tout a évolué autour de l'homme, à
mesure qu'évoluait en lui l'idée morale, fonction suprême de sa raison.

Ne nous étonnons donc pas, à l'heure présente, de voir toutes les
institutions, toutes les lois discutées, remises en question. Le malaise
moral et social dont nous souffrons n'est que le sentiment du désaccord
qui s'est révélé entre certaines institutions politiques, économiques ou
sociales, et les idées morales que les progrès de la pensée humaine ont
lentement transformées.

Il ne s'agit pas de trembler et de pousser des cris d'alarme ; il ne sert de
rien de proclamer la faillite de la science et - comme un enfant jette des
pierres à la mer qui monte - d'aiguiser des traits contre la souveraineté
de la raison.

Le monde n'est dans le tremblement que parce qu'il est dans l'enfante-
ment. Une tâche s'impose aux hommes. Il s'agit pour eux, partant des
vérités certaines que seule apporte la science, de rechercher en quoi ces
vérités ont pu modifier les idées morales traditionnelles, les définitions
anciennes du droit et du devoir dans l'humanité, puis d'adapter les
organes de la vie sociale aux conditions nouvelles qu'aura révélées cet
examen. Il s'agit, pour eux, en un mot, de rétablir « l'accord entre leurs
idées, leurs sentiments et leurs actes ».

Alors seulement la paix sera faite dans la conscience et dans la société.

II

La connaissance des lois de la solidarité des êtres devait réagir puis-
samment sur les théories morales. La définition des droits et des devoirs des hommes ne peut plus être cherchée désormais en dehors des
rapports qui les lient solidairement les uns aux autres dans l'espace et
dans le temps.

Tant que l'homme était considéré comme un être à part dans la nature, tant que chacun des hommes paraissait un exemplaire, toujours semblable aux autres, d'un type unique, créé de toutes pièces, au début des jours, par un acte particulier et définitif de la puissance divine, il suffisait de déduire, en une pure opération de logique, les conséquences de ce caractère absolu de la personne humaine, pour déterminer ce qu'on appelait les droits de l'homme, et ses devoirs envers son créateur, envers ses semblables, envers lui-même.

L'homme était une fin pour lui et pour le monde : ses droits et ses devoirs étaient pour ainsi dire les moyens propres à cette fin.

Le problème est maintenant plus complexe, et cependant la solution en doit être plus précise. L'homme n'apparaît plus ici-bas comme un être de nature spéciale, comme une abstraction dont le moi « un et identique » est a priori le sujet de droits abstraits eux-mêmes ; il s'est transformé en un être réel, d'une nature semblable à celle des autres êtres vivants, soumis comme eux à des liens, à des subordinations sans nombre, obéissant aux lois de l'évolution générale et ne pouvant chercher, en dehors du réseau d'actions et de réactions qui l'environne de toutes parts, les conditions du développement de sa personnalité et de celle des êtres semblables à lui.

C'est le sens de la maxime de Fouillée : « Les lois morales qui s'imposent à l'individu ne sont autre chose que les conditions générales de la société. » En tout cas, si cette maxime semble excessive, si elle offre le danger de paraître confondre la notion du droit et celle de l'utilité générale, il est vrai de dire que les lois morales qui s'imposent à l'individu ne peuvent être cherchées en dehors des conditions générales de la vie en société.

Elles ne peuvent se découvrir que par l'étude de la personne humaine, considérée non dans un isolement métaphysique, mais dans la réalité de ses rapports avec son milieu, son temps, la race d'où elle sort et la postérité qui sortira d'elle.

L'homme n'étant plus isolé, le droit ne peut plus s'établir entre les hommes comme il s'établit, en fait, encore à notre époque, entre des étrangers, entre des nations séparées par des frontières, indépendantes l'une de l'autre, souveraines et poursuivant chacune son développement exclusif.

L'homme n'est plus une fin pour lui et pour le monde : il est à la fois une fin et un moyen. Il est une unité, et il est la partie d'un tout. Il est un être ayant sa vie propre et ayant droit à conserver et à développer cette vie ; mais il appartient en même temps à un tout sans lequel cette vie ne pourrait être ni développée, ni conservée ; sa vie même n'a été possible, elle n'est ce qu'elle est que parce que le tout dont il fait partie a été avant lui, parce que d'autres vies inférieures à la sienne ont été, avant la sienne, conservées et développées grâce à cet ensemble, et ont déterminé l'épanouissement de la vie commune supérieure d'où il est lui-même issu.

C'est au fond, entre l'homme et la société humaine, la lutte mystérieuse de l'individu et de l'espèce, drame de combat et drame d'amour ; l'individu ne pouvant être sans l'espèce, l'espèce ne pouvant durer que par l'individu. C'est dans les conditions de ces actions réciproques de la partie et du tout que l'idée de justice doit chercher sa réalisation. C'est en pénétrant le sens profond d'une contradiction qui n'est en réalité qu'une harmonie supérieure, en retrouvant l'échange des services sous l'opposition apparente des intérêts, l'accroissement de l'individu dans l'accroissement social, que l'idée morale recevra sa formule et la théorie des droits et des devoirs son expression, non abstraite et subjective, mais concrète, objective, conforme aux nécessités naturelles et par là même définitive.

Le bien moral sera désormais, comme l'a dit Secrétan, « de nous vouloir et de nous concevoir comme membres de l'humanité. Le mal sera de nous vouloir isolément, de nous séparer du corps dont nous sommes les membres [1] ».

III

En détruisant la notion abstraite et a priori de l'homme isolé, la connaissance des lois de la solidarité naturelle détruit du même coup la notion également abstraite et a priori de l'Etat, isolé de l'homme et opposé à lui comme un sujet de droits distincts ou comme une puissance supérieure à laquelle il serait subordonné. L'État est une création des hommes : le droit supérieur de l'Etat sur les hommes ne peut donc exister ; il n'y a pas de droits là où il n'existe pas un être, dans le sens naturel et plein du mot, pouvant devenir le sujet de ces droits. Les économistes

---

1 *Civilisation et croyance.* M. Izoulet a donné de la même pensée une autre formule très intéressante. Répondant aux socialistes qui croient trouver dans l'abolition de la propriété individuelle la solution du problème social, il répond : « Ce n'est pas la socialisation des biens, c'est la socialisation de la personne qu'il s'agit de réaliser. » (*Cité moderne.*)

ont raison quand ils repoussent, au nom de la liberté individuelle, la théorie socialiste de l'État.

Peu importe que l'on appelle ce prétendu pouvoir supérieur, pouvoir de l'Etat ou pouvoir de la société. Nous acceptons cette réponse de M. Yves Guyot à M. Lafargue : « Quand les socialistes parlent de la société, des droits et des devoirs de la société, et les opposent aux droits de l'homme, ils attribuent à cette société une existence propre, une vitalité spéciale, une grâce particulière que ne lui donnent pas les individus qui la composent, et ils oublient de répondre à la question suivante : Qu'est-ce que cette société [1] ? »

Pas plus que l'Etat, forme politique du groupement humain, la société, c'est-à-dire le groupement lui-même, n'est un être isolé ayant en dehors des individus qui le composent une existence réelle et pouvant être le sujet de droits particuliers et supérieurs opposables au droit des hommes.

Ce n'est donc pas entre l'homme et l'Etat ou la société que se pose le problème du droit et du devoir ; c'est entre les hommes eux-mêmes, mais entre les hommes conçus comme associés à une œuvre commune et obligés les uns envers les autres par la nécessité d'un but commun.

Il ne s'agit pas de définir les droits que la société pourrait avoir sur les hommes, mais les droits et les devoirs réciproques que le fait de l'association crée entre les hommes, seuls êtres réels, seuls sujets possibles d'un droit et d'un devoir.

Quand, pour une entreprise industrielle ou commerciale, des hommes associent leurs intelligences, leur travail et leurs capitaux, ils ne créent pas en dehors d'eux un être supérieur à eux-mêmes - la société industrielle ou commerciale - qui peut avoir contre eux, des droits particuliers ; ils établissent simplement entre eux sous ce nom de société, un ensemble de liens et d'accords, d'obligations réciproques auxquelles ils reconnaissent ce double caractère d'être en fait les meilleurs moyens d'atteindre le but, de réaliser l'objet pour lequel ils se sont réunis, et d'être, en droit, combinés de telle manière qu'aucun des associés n'en éprouve de dommages ou n'en obtienne d'avantages particuliers, que chacun prenne équitablement sa part des charges et des bénéfices, des profits et des pertes, et qu'ainsi se trouvent à la fois réalisées les conditions naturelles nécessaires, du fonctionnement d'une entreprise com-

---

1 YVES GUYOT, *La Propriété*, p. 254.

mune, et les conditions morales d'une juste association.

Le problème social dans son ensemble, est le même que celui que résolvent chaque jour les actionnaires d'une société particulière. Il n'en diffère qu'en ce point, qu'il ne peut être résolu à l'avance par une convention préalable à la constitution de la société ; c'est de l'association de fait, préexistante, qu'il s'agit de dégager les conditions de l'association de droit.

Il y a une association naturelle, nécessaire, dont tous les membres sont solidaires dans le temps et dans l'espace, et qui trouve dans cette solidarité même l'élément intérieur essentiel de sa durée et de son progrès ; il y a lieu de reconnaître exactement la nature, l'objet, le but de cette association naturelle ; de rechercher les conditions de fait dans lesquelles son développement peut être assuré, son terme atteint ; et parmi les conditions de fait qui seront reconnues comme les moyens indispensables de cette fin, il y a lieu de découvrir et de retenir exclusivement celles qui en même temps placeront les membres de l'association dans des conditions réciproques conformes à l'idée morale ; celles qui, répartissant équitablement entre tous les avantages et les charges, seront celles-là mêmes qu'auraient adoptées les associés s'ils avaient été auparavant libres, et également libres, de discuter entre eux, avec une égale moralité, les conditions de leurs accords ; celles, en un mot, qui, répondant à la fois au fait et au droit constitueraient la loi naturelle et la loi morale d'un contrat formé pour le même objet entre des êtres libres et conscients.

La formule qui déterminera le lien social devra donc tenir compte de la nature et du but de la société humaine, des conditions dans lesquelles chaque membre y entre à son tour, des avantages communs dont le bénéfice lui est assuré et des charges communes auxquelles il se trouvera soumis ; elle devra, en d'autres termes, reconnaître les apports et les prélèvements de chacun, faire le compte de son doit et de son avoir, afin d'en dégager le règlement de son droit et de son devoir.

La législation positive ne sera que l'expression pratique de cette formule de répartition équitable des profits et des charges de l'association. Elle ne créera pas le droit entre les hommes, elle le dégagera de l'observation de leurs situations réciproques ; elle devra se borner à le reconnaître et à en assurer les sanctions.

En analysant les rapports nécessaires entre les objets de l'association, elle fixera du même coup les rapports nécessaires entre les consciences des associés.

Elle ne sera donc pas la loi faite par la société, et imposée par elle aux hommes.

Elle sera la loi de la société faite entre les hommes [1].

IV

Loin de porter atteinte à la liberté individuelle, la loi sociale ainsi définie lui donne au contraire tout son caractère et toutes ses sûretés ; car, en en fixant les limite naturelles, elle lui assure, en dehors de tout arbitraire, d'inébranlables garanties.

L'organisme ne se développe qu'au prix du développement des éléments qui le composent ; la société ne peut progresser que par le progrès des hommes.

La Liberté n'est autre chose que la possibilité pour l'être de tendre au plein exercice de ses facultés, au plein développement de ses activités ; en développant incessamment l'organe, la fonction élève l'être vers le degré supérieur d'existence où tend toute vie.

La liberté du développement physique, intellectuel et moral de cha-

----

[1] On voit facilement en quoi la théorie de la solidarité naturelle et morale s'écarte de la doctrine du *Contrat social* de Rousseau. Les deux systèmes ont ce trait commun : la notion d'une société entre les hommes. Mais Rousseau ajoute à l'idée d'une association existant en fait l'hypothèse d'une convention préalable fixant les conditions de cette association : « Il faut, dit-il, toujours remonter à une première convention. » (I, 5.) En outre, il admet « l'état de nature », c'est-à-dire qu'il suppose l'homme parfait au commencement des choses, investi dès lors de droits et de devoirs absolus qu'il a mis en commun ; les vices des institutions sont les déformations successives de cet état de primitive perfection : « L'homme est né libre et partout il est dans les fers. » (I, 1.) Dans la réalité, c'est au contraire le conflit des forces, la lutte brutale pour l'existence, qui sont au point de départ, et c'est par l'évolution des groupes, fortuitement constitués, vers un état plus élevé d'intelligence et de moralité, que l'idée d'une association volontaire se dégage et se précise, coordonne les forces hostiles en résultantes utiles à chacun et à tous, et, par un lent devenir, prépare, sur les ruines de l'état de guerre et d'autorité l'avènement du régime pacifique et contractuel. Enfin, pour Rousseau, toutes les clauses du contrat social se réduisent à une seule : « l'aliénation totale de chaque associé avec tous ses droits à la communauté » (I, 6) ; tandis que la doctrine de la solidarité tend au contraire à accroître la liberté et la puissance de chaque individu dans l'action commune, librement consentie par tous.

cun des hommes est donc la première condition de l'association humaine. Et puisqu'il n'existe pas de puissance extérieure, Etat, société politique, à laquelle appartienne un droit opposable au droit de l'individu, la faculté du développement de chaque individu ne peut trouver de limite que dans la faculté du développement également nécessaire à chacun de ses semblables.

Tout arrangement politique ou social qui cherchera à déterminer autrement les bornes de la liberté des hommes sera contraire aux lois naturelles de l'évolution de la société.

Mais ces libertés des individus ne sont pas des forces indépendantes les unes des autres ; les hommes sont, non des êtres isolés, mais des êtres associés ; au point de contact, ces libertés, se limitant l'une l'autre, ne doivent point se heurter, se faire échec et s'entredétruire, mais au contraire, comme des forces de même sens appliquées à un point commun, elles doivent se composer en résultantes, qui accroîtront le mouvement du système tout entier.

Rousseau apercevait en partie cette conséquence quand, voulant montrer l'utilité du pacte social, il disait : « Chacun se donnant à tous ne se donne à personne, et comme il n'y a pas un associé sur lequel on n'acquière le même droit qu'on lui cède sur soi, on gagne l'équivalent de tout ce qu'on perd, et plus de force pour conserver ce que l'on a ⊠.

Mais ce n'est pas seulement par une raison d'utilité, c'est par une raison de morale et plus rigoureusement encore par une raison de droit, qu'il est nécessaire qu'il en soit ainsi.

L'homme vivant dans la société, et ne pouvant vivre sans elle, est à toute heure un débiteur envers elle. Là est la base de ses devoirs, la charge de sa liberté.

L'obligation de chacun envers tous ne résulte pas d'une décision arbitraire, extérieure aux choses ; elle est simplement la contrepartie des avantages que chacun retire de l'état de société, le prix des services que l'association rend à chacun.

L'obéissance au devoir social n'est que l'acceptation d'une charge en échange d'un profit. C'est la reconnaissance d'une dette.

C'est cette idée de la dette de l'homme envers les autres hommes qui, donnant en réalité et en morale le fondement du devoir social, donne en même temps à la liberté, au droit individuel, son véritable caractère, et par là même ses limites et ses garanties.

Doctrine pratique de la solidarité sociale.

Rousseau voyait dans le pacte social « l'aliénation totale de chaque associé avec tous ses droits à la communauté » et la théorie socialiste a pu logiquement s'emparer de cette maxime pour conclure à la communauté des biens.

Sans aller aussi loin, plus d'un philosophe contemporain croit que dans le pacte social l'individu consent à « l'abandon d'une partie de ses droits pour en sauvegarder l'autre partie ».

Mais reconnaître une dette n'est pas abandonner un droit, c'est reconnaître la limite véritable de ce droit. Un homme reçoit par don, par legs ou par contrat onéreux, le droit de cultiver un domaine et d'en consommer les fruits, à charge par lui de donner une part de ces fruits à certains ayants droit du testateur, du donateur ou du bailleur ; lorsque annuellement il fera la remise de cette partie des fruits, renoncera-t-il donc à un de ses droits ou n'exercera-t-il pas simplement son droit dans les limites mêmes où l'acte initial l'a constitué ? Au moment de l'inventaire annuel d'une société, à l'heure du règlement des comptes, des profits et des pertes, les actionnaires, avant de fixer le dividende, déduisent de l'actif les charges sociales, acquittent les dettes, placent certaines sommes au fonds d'amortissement du capital. Peut-on dire qu'en agissant ainsi ils abandonnent une part de leurs droits ? Ils reconnaissent simplement leur dette et par suite la limite véritable de leur droit.

Il n'en va pas autrement dans la société humaine. Il s'agit pour les hommes, associés solidaires, de reconnaître l'étendue de la dette que chacun contracte envers tous par l'échange de services, par l'augmentation de profits personnels, d'activité, de vie résultant pour chacun de l'état de société ; cette charge une fois mesurée, reconnue comme naturelle et légitime, l'homme reste réellement libre, libre de toute sa liberté, puisqu'il reste investi de tout son droit. Ce droit, aucune puissance extérieure ne peut prétendre à le limiter ; et la loi positive, qui s'est bornée à reconnaître la dette de chacun, à en déterminer le montant d'après les services reçus, est également fondée au point de vue naturel et au point de vue moral ; elle est bien, sinon, comme on l'a dit ingénieusement, mais incomplètement, « la conscience de ceux qui n'en ont pas », du moins l'expression équitable des rapports naturels entre de libres associés, l'expression des volontés de la conscience commune éclairées par la commune raison.

Léon Bourgeois

V

Et la même doctrine établit, en même temps que la liberté, l'égalité non des conditions, mais du droit entre les hommes.

On a dit en effet : qui donc fixera ce compte des profits et des pertes, des avantages et des charges ? Qui donc fera la répartition équitable entre les associés ? L'arbitraire et l'a priori, qu'on a prétendu écarter des prescriptions de la loi générale, ne vont-ils pas rentrer, au contraire, sous cette forme dans les arrangements sociaux ?

A quel modèle, à quel type, à quel idéal préalable la répartition des charges et des profits, l'évaluation de la dette de l'individu envers la société pourront-elles, devront-elles être comparées pour s'imposer aux esprits et aux consciences et pour être légitimement l'objet d'une sanction.

On ne peut méconnaître la force de ces objections ; il est certain que dans le calcul détaillé et précis des obligations sociales de chaque citoyen s'élèveront des difficultés de toute nature.

Mais il n'est pas de loi naturelle qui n'offre au physicien, au chimiste, d'innombrables difficultés d'application : ces difficultés ne font point échec à la loi elle-même ; les erreurs que les hommes peuvent commettre en se servant d'elle ne diminuent point l'exactitude du principe général dont la loi est l'expression.

La loi naturelle de répartition des charges sociales n'échappe pas à ces conditions communes [1]. Ce qu'il s'agit d'établir en ce moment c'est son principe, et ce principe est contenu tout entier dans cette affirmation : que, sous les inégalités de toutes sortes, différences de sexe, d'âge, de race, de force physique, d'intelligence, de volonté, il y a, entre tous les membres de l'association humaine, un caractère commun, identique, qui est proprement la qualité d'homme, c'est-à-dire d'être à la fois vivant, pensant et conscient. Ce caractère, réduit à ces trois termes essentiels, existe chez chacun des hommes à des degrés divers, mais chez aucun d'eux il ne peut être supprimé, et les êtres mêmes qui le possèdent au degré le plus faible sont encore des hommes, associés naturels des autres hommes, coopérant à l'évolution commune, par le travail, par le langage, fut-il rudimentaire, par l'échange possible de certaines

_____

1 Ces difficultés devront être successivement examinées à propos des problèmes de la propriété, de l'héritage, de l'impôt, etc.

idées, par la faculté commune de reproduction de l'espèce, etc.

C'est ce triple caractère, commun à tous les hommes et qui n'existe, au moins sur cette terre, chez aucun être en dehors de l'homme, qui est le titre commun des membres de la société.

Titre commun, il a, au point de vue moral, une valeur égale pour tous ; l'exercice du droit qu'il confère pourra être plus ou moins étendu suivant le degré d'évolution personnelle de chacun des associés : mais le droit lui-même, né d'une qualité commune - la conscience, unique fondement du droit - est chez tous d'une valeur égale et doit être chez tous également reconnu et respecté.

C'est ce titre commun que nous reconnaissons et que nous désignons sous une forme aussi simple qu'énergique quand, parlant des hommes les plus dégradés, des peuples les plus sauvages, nous disons encore : Ce sont nos semblables.

La société est formée entre des semblables, c'est-à-dire entre des êtres ayant, sous les inégalités réelles qui les distinguent, une identité première, indestructible. Et de là découle pour tous ce qu'on a appelé avec justice « une égalité de valeur dans le droit social [1] ».

C'est cette égalité de valeur dans le droit que doit exprimer la répartition des profits et des charges. On le voit, il n'est point question de faire sortir de cette conception toute réelle de l'être humain une définition abstraite des droits et des devoirs de l'homme ; il y a lieu seulement de reconnaître et de retenir que, pour la fixation des droits et des devoirs de chacun dans l'association solidaire qui existe entre ces hommes, pour le calcul des profits et des charges à répartir entre tous, il doit être tenu compte d'un coefficient commun à tous, d'une valeur de droit égale pour tous. Au milieu des innombrables éléments de calcul, tirés des inégalités naturelles de toutes sortes qui séparent et différencient les hommes, il faudra toujours, pour déterminer la situation équitable de chacun, faire entrer en compte cette valeur et l'admettre comme égale pour tous ; en deux mots, dans la série des équations personnelles, les inégalités naturelles seront les seules causes d'une différence qui ne devra jamais être accrue par une inégalité de droits.

---

1 DARLU, *Revue de métaphysique*, janvier 1895.

Léon Bourgeois

<hr>

Chapitre IV

Dette de l'homme envers la société ; le quasi-contrat social.

I

Dans la société de fait où le place sa qualité d'homme, chacun de nous, avons-nous dit, est nécessairement le débiteur de tous. C'est la charge de la liberté.

Mais la nature et l'étendue de cette dette ne s'expliquent pas seulement par l'échange des services entre les associés pendant leur vie commune.

La connaissance des lois de la solidarité des êtres vivants n'a pas seulement détruit l'isolement de l'homme dans le milieu où il vit ; elle a détruit du même coup son isolement dans la durée ; elle a établi que, pour déterminer complètement sa situation naturelle et morale, il était indispensable de tenir compte du lien qui le rattache à ses ancêtres et à ses descendants.

L'homme ne devient pas seulement, au cours de sa vie, le débiteur de ses contemporains ; dès le jour même de sa naissance, il est un obligé. L'homme naît débiteur de l'association humaine.

En entrant dans l'association, il y prend sa part d'un héritage accumulé par les ancêtres de lui-même et de tous ; en naissant, il commence à jouir d'un capital immense qu'ont épargné d'autres générations antérieures. Auguste Comte a depuis longtemps mis ce fait en pleine lumière : « Nous naissons chargés d'obligations de toute sorte envers la société. » Ce que Renan dit des hommes de génie : « Chacun d'eux est un capital accumulé de plusieurs générations », est vrai non pas seulement des hommes de génie, mais de tous les hommes.

La valeur de l'homme se mesure à sa puissance d'action sur les choses ; à cet égard, le plus modeste travailleur de notre temps l'emporte sur le sauvage de l'âge de pierre d'une distance égale à celle qui le sépare lui-même de l'homme de génie. Nous l'avons déjà dit : les aptitudes de notre corps, les instruments et les produits de notre travail, les instincts qui veillent en nous, les mots dont nous nous servons, les idées qui nous guident, la connaissance que nous avons du monde qui nous entoure, qui nous presse et que cependant nous dominons, tout cela est l'œuvre lente du passé ; tout cela, depuis le jour de notre naissance, est sans cesse mis par ce passé à notre disposition, à notre portée, et, pour la plus grande part, s'incorpore en nous-mêmes.

Dès que l'enfant, après l'allaitement, se sépare définitivement de la mère et devient un être distinct, recevant du dehors les aliments nécessaires à son existence, il est un débiteur ; il ne fera point un pas, un geste, il ne se procurera point la satisfaction d'un besoin, il n'exercera point une de ses facultés naissantes, sans puiser dans l'immense réservoir des utilités accumulées par l'humanité.

Dette, sa nourriture : chacun des aliments qu'il consommera est le fruit de la longue culture qui a, depuis des siècles reproduit, multiplié, amélioré les espèces végétales ou animales dont il va faire sa chair et son sang. Dette, son langage encore incertain : chacun des mots qui naîtra sur ses lèvres, il le recueillera des lèvres de parents ou de maîtres qui l'ont appris comme lui, et chacun de ces mots contient et exprime une somme d'idées que d'innombrables ancêtres y ont accumulée et fixée. Lorsqu'il lui faudra non pas seulement recevoir des mains des autres la première nourriture de son corps et de leurs lèvres celle de son esprit, lorsqu'il commencera à créer par son effort personnel les matériaux de son accroissement ultérieur, il sentira sa dette s'accroître envers le passé. Dettes, et de quelle valeur, le livre et l'outil que l'école et l'atelier lui vont offrir : il ne pourra jamais savoir ce que ces deux objets, qui lui sembleront si maniables et de si peu de poids, ont exigé d'efforts antérieurs ; combien de mains lourdes et maladroites ont tenu, manié, soulevé, pétri et souvent laissé tomber de lassitude et de désespoir cette forme de l'outil avant qu'elle soit devenue l'instrument léger et puissant qui l'aide à vaincre la matière ; combien d'yeux se sont ouverts et longuement fixés sur les choses, combien de lèvres ont balbutié, combien de pensées se sont éveillées, efforcées et tendues, combien de souffrances ont été subies, de sacrifices acceptés, de vies offertes, pour mettre à sa disposition ces caractères d'imprimerie, ces petits morceaux de plomb qui, en quelques heures répandent sur le monde, par millions d'exemplaires, l'innombrable essaim des idées, ces vingt-quatre petites lettres noires où l'homme réduit et représente le système du monde ! Et plus il avancera dans la vie, plus il verra croître sa dette, car chaque jour un nouveau profit sortira pour lui de l'usage de l'outillage matériel et intellectuel créé par l'humanité ; dette, à chaque pas sur la route qu'au prix de mille peines et souvent de mille morts les hommes ont

Léon Bourgeois

construite à travers le marais ou la montagne ; dette, à chaque tour de roue de la voiture ou du wagon, à chaque tour d'hélice du navire ; dette, à chaque consommation d'un produit de l'agriculture, de l'industrie ou de la science ; dette envers tous les morts qui ont laissé cet héritage, envers tous ceux dont le travail a transformé la terre, rude et sombre abri des premiers âges, en un immense champ fertile, en une usine créatrice ; dette envers ceux dont la pensée a ravi aux éléments les secrets de leur puissance et les a, par cette puissance même, domptés et asservis ; dette envers ceux dont le génie a su, des apparences innombrables des êtres et des choses, dégager la forme et révéler l'harmonie, dette envers ceux dont la conscience à tiré sa race de l'état de violence et de haine, et l'a peu à peu conduite vers l'état de paix et d'accord.

Mais si cette dette est contractée envers les ancêtres, à qui sommes-nous tenus de l'acquitter ? Ce n'est pas pour chacun de nous en particulier que l'humanité antérieure a amassé ce trésor, ce n'est ni pour une génération déterminée, ni pour un groupe d'hommes distinct. C'est pour tous ceux qui seront appelés à la vie, que tous ceux qui sont morts ont créé ce capital d'idées, de forces et d'utilités. C'est donc envers tous ceux qui viendront après nous, que nous avons reçu des ancêtres charge d'acquitter la dette ; c'est un legs de tout le passé à tout l'avenir. Chaque génération qui passe ne peut vraiment se considérer que comme en étant l'usufruitière, elle n'en est investie qu'à charge de le conserver et de le restituer fidèlement.

Et l'examen plus attentif de la nature de l'héritage conduit à dire en outre à charge de l'accroître.

C'est en effet un dépôt incessamment accru que les hommes se sont transmis. Chaque âge a ajouté quelque chose au legs de l'âge précédent, et c'est la loi de cet accroissement continu du bien commun de l'association, qui forme la loi du contrat entre les générations successives, comme la loi de l'échange des services et de la répartition des charges et des profits est celle du contrat entre les hommes de la même génération.

Nous touchons ici le fond des choses. Et ce dernier caractère va achever de définir la nature, la cause et l'étendue des droits et des devoirs de l'être social.

Tout être vivant tend à la persistance de l'être ; tout être vivant tend au développement de l'être ; d'où deux nécessités : celle de la conservation et celle du progrès. Dès qu'un être cesse de se développer, la désorganisation commence en lui ; l'immobilité est le commencement de la mort. Et pour l'être humain, doué de raison et de volonté, le développement de cette raison et de cette volonté est une nécessité intérieure aussi rigoureuse que le développement de son corps. Fouillée, interprétant le mot de Leibniz : « Le présent est gros de l'avenir », a dit avec autant d'exactitude que d'éloquence : « Ce qu'on respecte dans l'homme, c'est moins ce qu'il est actuellement que ce qu'il peut être, c'est le possible débordant l'actuel, l'idéal dominant la réalité. C'est pour ainsi dire la réserve de volonté et d'intelligence enfermée dans une tête humaine, c'est la progressivité de l'individu, c'est celle de l'espèce même qui repose en partie sur cette tête, que nous respectons et appelons droit ⊠. »

Ce qui est vrai de l'être humain l'est nécessairement de l'association humaine, et, en effet, l'histoire nous montre clairement la continuité de son développement ; l'histoire de l'humanité, c'est celle de la conquête et de l'utilisation des forces du monde terrestre, réalisée, au prix d'efforts et de sacrifices dont le nombre et la grandeur dépassent tout calcul et toute mesure, par la raison et par la volonté de notre race, afin de permettre à chacun de ses membres de trouver à son tour, à l'heure de son existence, un état où puissent se développer plus librement ses activités et ses facultés, un état d'humanité, meilleur, plus satisfaisant à la fois pour son corps, sa pensée et sa conscience.

Ainsi tout homme, au lendemain de sa naissance, en entrant en possession de cet état d'humanité meilleur que lui ont préparé ses ancêtres, contracte, à moins de faillir à la loi d'évolution qui est la loi même de sa vie personnelle et de la vie de son espèce, l'obligation de concourir, par son propre effort, non seulement au maintien de la civilisation dont il va prendre sa part, mais encore au développement ultérieur de cette civilisation.

Sa liberté est grevée d'une double dette : dans la répartition des charges qui naturellement et moralement, est la loi de la société, il doit, outre sa part dans l'échange des services ce qu'on peut appeler sa part dans la contribution pour le progrès.

II

« Peu de propositions générales relatives au siècle dans lequel nous vivons semblent devoir être plus promptement acceptées que celle-ci :

la société de notre temps se distingue principalement de celle des générations précédentes par la grande place qu'y occupe le contrat »

Cette observation de Sumner-Maine [1] est aujourd'hui une vérité reconnue de tous. Les historiens du droit ne contestent plus que le progrès des institutions juridiques, publiques ou privées, peut se mesurer avec certitude à la proportion dans laquelle « les arrangements d'autorité » y font place « aux arrangements contractuels ».

Le contrat, librement discuté et fidèlement exécuté des deux parts, devient la base définitive du droit humain. Là où la nécessité des choses met les hommes en rapport sans que leur volonté préalable ait pu discuter les conditions de l'arrangement à intervenir, la loi qui fixera entre eux ces conditions ne devra être qu'une interprétation et une représentation de l'accord qui eût dû s'établir préalablement entre eux s'ils avaient pu être également et librement consultés : ce sera donc la présomption du consentement qu'auraient donné leurs volontés égales et libres qui sera le seul fondement du droit. Le quasi-contrat n'est autre chose que ce contrat rétroactivement consenti [2].

Or, le consentement à un accord, entre deux contractants également libres, dépend sans aucun doute de l'égalité des avantages directs ou indirects que chacun des contractants espère tirer du contrat. C'est, en d'autres termes, l'échange de services supposés équivalents qui donne à la convention ses conditions naturelles et ses conditions morales ; dans

---

1 *L'Ancien droit*, ch. IX.

2 Ces principes sont ceux que la législation civile reconnaît comme réglant les obligations entre particuliers. Il y a un titre du Code civil consacré aux engagements qui se forment sans convention préalable. « Certains engagements, dit l'article 1370, se forment sans qu'il intervienne aucune convention ni de la part de celui qui s'oblige, ni de la part de celui envers lequel il est obligé ; …les uns… sont les engagements formés involontairement, tels que ceux entre propriétaires voisins, etc. » Les articles 1371 et suivants, qui traitent ensuite de la gestion d'affaires et de la réception du payement de l'indu, donnent là deux exemples des obligations nées de quasi-contrats ; mais cette énumération n'est pas limitative. Aubry et Rau (*Droit civil français*, 111, § 440) citent précisément le cas d'une société de fait comme donnant naissance, à des obligations réciproques soumises aux mêmes lois : « L'administration d'un objet particulier qui appartient par *indivis* à plusieurs personnes entre lesquelles il n'existe pas de contrat de société présente, lorsqu'elle est gérée sans mandat par un des copropriétaires de cet objet, tous les caractères d'un quasi-contrat, même au point de vue où se sont placés les rédacteurs du Code ; les engagements qui résultent de ce quasi-contrat se règlent, par analogie, d'après les principes relatifs à l'administration des affaires sociales par l'un des associés, modifiés suivant les circonstances par ceux de la gestion d'affaires. »

Dette de l'homme envers la société ; le quasi-contrat social.

tout contrat commutatif, c'est l'équivalence présumée des deux presta-tions réciproques de la créance et de la dette, qui détermine la naissance de l'obligation, en se formant ce que les jurisconsultes ont appelé « la cause ».

Au fond de toute obligation juridique, publique ou privée, se retrou-ve donc cette notion de la dette reconnue ou présumée reconnue ; le devoir de l'homme envers tous les hommes n'est pas d'une autre natu-re : c'est l'idée d'une dette, cause et mesure de l'obligation naturelle et morale, et motif suffisant et nécessaire de la sanction sociale, qui doit se rencontrer, en dehors de toutes les conceptions et de tous les systè-mes philosophiques, à la base de toute spéculation sur les arrangements sociaux.

Nous avons vu comment la théorie de la solidarité des êtres, et, en par-ticulier, des êtres humains, vérifie et généralise cette idée de la dette de l'homme envers les autres hommes et fonde sur elle, en dehors de toute définition arbitraire et de toute intervention d'une autorité extérieure, la théorie du devoir social.

Les hommes sont en société. C'est là un fait d'ordre naturel, anté-rieur à leur consentement, supérieur à leur volonté. L'homme ne peut se soustraire matériellement ou moralement à l'association humaine. L'homme isolé n'existe pas.

De là une double conséquence.

Un échange de services s'établit nécessairement entre chacun des hommes et tous les autres. Le libre développement des facultés, des activités, en un mot, de l'être, ne peut être, pour chacun d'eux, obtenu que grâce au concours des facultés et des activités des autres hommes du même temps et n'obtient son degré actuel d'intensité et de plénitude que grâce aux efforts accumulés des facultés et des activités des hom-mes du temps passé.

Il y a donc pour chaque homme vivant, dette envers tous les hommes vivants, à raison et dans la mesure des services à lui rendus par l'effort de tous. Cet échange de services est la matière du quasi-contrat d'asso-ciation qui lie tous les hommes, et c'est l'équitable évaluation des servi-ces échangés, c'est-à-dire l'équitable répartition des profits et des char-ges, de l'actif et du passif social qui est l'objet légitime de la loi sociale.

Il y a en outre, pour chaque homme vivant, dette envers les généra-tions suivantes à raison des services rendus par les générations passées.

A l'obligation de concourir aux charges de l'association actuelle, pour l'entretenir et la conserver, s'ajoute en effet l'obligation de l'accroître, et de concourir, dans les mêmes conditions d'équitable répartition, aux charges de cet accroissement. La cause de cette obligation est, elle aussi, dans la nature des choses. Le capital commun de l'association humaine est un dépôt confié aux hommes vivants, mais ce dépôt n'est pas le dépôt d'une chose immobile et morte, qu'il s'agit de conserver dans l'état où elle est livrée. C'est une organisation vivante en voie de perpétuelle évolution et dont l'évolution ne peut se poursuivre sans la continuité de l'effort constant de tous.

Quant à la répartition des charges qui résultent de cette double dette, elle sera équitable si tous les associés sont considérés comme faisant partie de l'association à titre égal, c'est-à-dire à titre d'hommes ayant également le droit de discuter et de consentir ; si aucune raison de préférence ou de défaveur particulière n'est invoquée, pour ou contre aucun d'entre eux, pour augmenter ou diminuer leur qualité première, leur titre de contractants ; si chacun d'eux a bien « cette égalité de valeur au point de vue du droit », sans laquelle le quasi-contrat ne pourrait être considéré comme un contrat rétroactivement consenti entre des volontés égales et libres.

III

Et l'idée de la dette, née du quasi-contrat d'association, conduit nécessairement à l'idée de la sanction désormais légitime.

Le devoir social n'est pas une pure obligation de conscience, c'est une obligation fondée en droit, à l'exécution de laquelle on ne peut se dérober sans une violation d'une règle précise de justice. La loi positive qui assurera l'exécution de l'obligation sociale ne commettra donc pas un empiètement sur le droit de l'individu ; il n'y aura pas là une intervention abusive de la société dans les rapports entre les hommes.

Les économistes reviennent sans cesse à ces deux propositions principales : la société ne doit pas intervenir dans les contrats particuliers ; l'organisation sociale n'est point faite pour rétablir l'égalité entre les hommes : « Il n'y a, dit Yves Guyot, d'égalité entre les individus que dans les organismes les plus primitifs ; partout, au contraire, où la vie a un certain développement, nous avons des différences ; des variétés de forces et d'aptitudes… Ce qui fait la supériorité des civilisations supérieures, c'est la variété de nos aptitudes qui se complètent réciproquement ». Et le même écrivain, allant jusqu'aux conséquences dernières du principe de non-intervention, ajoute en ce qui touche les contrats : « Jamais il n'y a égalité du moment qu'il y a contrat ; il y a toujours une partie qui est plus pressée d'acheter que l'autre de vendre, ou une qui est plus pressée de vendre que l'autre d'acheter ; est-ce qu'entre deux hommes qui vont contracter, entre deux négociants, il n'y en a pas un plus habile que l'autre ?.. C'est la concurrence, cela, et c'est la condition même de la vie... » La société n'a point à intervenir pour modifier cette situation respective, pour diminuer cette inégalité des contractants.

Des philosophes, qui ne sont point des socialistes, ont souvent répondu à cette thèse absolue de laisser-faire, non en contestant la nécessité de la liberté réciproque des contractants au point de vue économique, mais en rappelant que dans l'étude des phénomènes sociaux le point de vue économique n'est pas le seul auquel il soit nécessaire de se placer. L'homme n'a pas seulement des intérêts économiques, il a des intérêts physiologiques, psychologiques et moraux. Telle solution d'un problème social peut répondre aux conditions des lois économiques et ne satisfaire ni aux nécessités de la vie ni aux besoins de la conscience. « Le fait économique, dit excellemment M. Darlu, n'est qu'un élément du fait social. Par exemple, il n'est guère de fait social qui directement ou indirectement ne se présente avec un caractère politique ; il n'en est pas qui n'intéresse les mœurs ou la justice et qui n'ait un caractère moral. Et quand on a fait abstraction des propriétés économiques, de l'utilité politique, de la valeur morale d'un phénomène social, il reste encore sa modalité principale, son rapport avec l'état de la société : il affaiblit ou il fortifie la solidarité sociale, il diminue ou il accroît l'unité de la famille, il se lie à une hiérarchie aristocratique ou il contribue à l'égalité des citoyens, etc. »

Aussi, même dans les pays d'extrême liberté, le législateur n'hésite-t-il pas à intervenir entre les contractants particuliers lorsque le contrat, intervenu entre eux met en cause des intérêts généraux autres que l'intérêt économique proprement dit : c'est ainsi que les lois imposent, dans l'intérêt de la stabilité de la famille, certaines règles dans les contrats entre époux ; c'est ainsi qu'elles refusent toute sanction aux conventions dont la cause est immorale, ou dans l'établissement desquelles ont apparu certaines causes « d'inégalité » trop manifestement intolérables : les violences, le dol, ou la fraude ; c'est ainsi encore que, dans certains cas de nécessité publique, guerre, disette, etc., les contrats touchant les denrées nécessaires à l'alimentation nationale sont soumis à des prescriptions spéciales, les échéances des dettes particulières sont protégées, certaines négociations sont purement et simplement interdites, etc.

L'association humaine n'est pas exclusivement constituée en vue des intérêts matériels, auxquels la liberté des échanges donne la plus entière satisfaction ; elle a d'autres objets dont les associés doivent se préoccuper également. Ces intérêts d'ordres divers trouvent satisfaction dans l'application d'autres lois, lois biologiques, psychologiques, morales, auxquelles le quasi-contrat d'association humaine doit également obéir pour produire son entier et définitif effet.

Au reste, la seule proposition qu'il soit nécessaire d'établir est celle-ci : la loi positive peut assurer par des sanctions impératives l'acquittement de la dette sociale, l'exécution de l'obligation qui résulte pour chacun des hommes de son état de débiteur envers tous.

Pour établir cette proposition, il est inutile de discuter si la puissance publique a, ou non, le droit d'intervenir dans la formation des contrats passés entre les particuliers. Il s'agit ici des conditions d'un quasi-contrat général qui résulte entre les hommes du fait naturel, nécessaire, de leur existence en société et qui a pour objet de régler, non les rapports privés entre chacun et chacun, mais les rapports communs entre chacun et tous, à raison du louage permanent de services et d'utilités que représente l'outillage commun de l'humanité.

Ici, chacun ne peut discuter avec tous ; le fait matériel de la jouissance préexiste d'ailleurs au consentement.

Il ne s'agit pas de l'habileté, de la force, de la supériorité préalable de tel ou tel contractant. Tous sont, par le fait de la jouissance commune, placés dans des conditions identiques au point de vue du droit.

Il s'agit simplement de rechercher dans quelles conditions tous auraient, à titre égal, consenti l'échange avec tous.

En reconnaissant et en sanctionnant la dette sociale, c'est-à-dire en exigeant que chacun des associés, avant de se créer, par de libres contrats particuliers, des créances contre tel ou tel des autres associés, ait acquitté ou s'oblige à acquitter sa dette générale envers tous, la loi positive ne portera aucune atteinte à la liberté de l'individu.

Dette de l'homme envers la société ; le quasi-contrat social.

L'association humaine se trouvant formée, par le fait, entre des êtres doués de conscience, la satisfaction de l'idée de justice est au premier rang de ses objets. La reconnaissance et l'acquittement de la dette sociale sont nécessaires à la satisfaction de cette idée, comme peuvent l'être la reconnaissance et l'acquittement de toutes autres dettes consenties entre particuliers. La loi qui exigera de chacun des hommes associés l'exécution de cette obligation primordiale aura un fondement aussi légitime que celle qui assurera ensuite à ce même homme le profit des stipulations particulières qu'il aura pu obtenir de tel ou tel de ses semblables par une convention privée.

IV

En résumé :

La liberté personnelle de l'homme, c'est-à-dire la faculté de tendre au plein développement de son moi, est aussi nécessaire au développement de la société qu'au développement de l'individu.

Elle ne doit donc connaître d'autres limites que celles que lui oppose naturellement le besoin d'égal développement, c'est-à-dire la liberté personnelle, des autres hommes.

Mais cette liberté ne peut s'exercer que si l'homme profite incessamment des avantages offerts par le milieu social et prend incessamment sa part des utilités de toute sorte que fournit le capital de la société humaine, accru par chaque génération. Une obligation naturelle existe donc pour tout homme de concourir aux charges de l'association dont il partage les profits et de contribuer à la continuité de son développement.

En droit, chacun des hommes est également tenu de concourir à ces charges, comme en droit, il a un titre égal à prendre part à ces avantages. Son devoir social n'est que l'expression d'une dette ; la répartition de cette dette entre les associés résulte de la nature et de l'objet du quasi-contrat qui les lie et dont la loi positive peut et doit sanctionner les obligations.

La solidarité qui oblige réciproquement les associés trouve donc en elle-même ses lois.

Aucune puissance extérieure, aucune autorité, politique ou sociale,

Etat ou société, ne peut intervenir autrement que pour reconnaître les conditions naturelles de cette répartition.

Nul ne peut créer en dehors d'elles aucun système légal particulier qui limite ou étende, suivant d'autres principes, le droit ou le devoir au profit ou au détriment d'un groupe, d'une classe, d'une catégorie, d'un individu, et qui ajoute aux inégalités naturelles une cause d'inégalité sociale.

Il est donc vrai de dire que la connaissance des lois naturelles de la solidarité des êtres conduit à une théorie d'ensemble des droits et des devoirs de l'homme dans la société. Cette théorie est satisfaisante au point de vue scientifique et au point de vue moral, et répond aux nécessités de la conscience comme aux nécessités de la raison.

On aperçoit les conséquences qu'elle entraîne et comment elle permet de juger à nouveau les systèmes des diverses écoles politiques ou économiques sur un certain nombre de points toujours discutés : l'impôt, la propriété, l'héritage, l'assistance, l'organisation des services publics.

Dès maintenant, nous pouvons dire qu'elle maintient énergiquement l'égalité politique et civile, qu'elle fortifie et garantit la liberté individuelle, et assure à toutes les facultés humaines leur développement le plus étendu, mais qu'au devoir moral de charité qu'a formulé le christianisme, et à la notion déjà plus précise, mais encore abstraite et dépourvue de sanction, de la fraternité républicaine, elle substitue une obligation quasi contractuelle, ayant, comme on dit en droit, une cause et pouvant, par suite, être soumise à certaines sanctions : celle de la dette de l'homme envers les hommes, source et mesure du devoir rigoureux de la solidarité sociale.

C'est ainsi que la doctrine de la solidarité apparaît, dans l'histoire des idées, comme le développement de la philosophie du XVIIIe siècle et comme l'achèvement de la théorie politique et sociale dont la Révolution française, sous les trois termes abstraits de liberté, d'égalité et de fraternité, avait donné la première formule au monde.

Dette de l'homme envers la société ; le quasi-contrat social.

ISBN : 978-1512114980

www.ingramcontent.com/pod-product-compliance
Lightning Source LLC
Chambersburg PA
CBHW071015290526
45795CB00005B/1808